TU PRIMER
EMPRENDIMIENTO
(Libro 2)
Los Próximos Pasos

Cómo Acelerar la Transición de un Empleo a Su

Propio Negocio

WAYNE WALKER

lector hará que las acciones resultantes sean únicamente de su competencia. No hay escenarios en los que el editor o el autor original de este trabajo pueda ser considerado responsable de cualquier dificultad o daño que pueda ocurrirles después de utilizar la información aquí descrita.

CONTENIDO

Descargo de responsabilidad

Los consejos y estrategias contenidos en este libro se basan en mis experiencias y opiniones comerciales personales, y pueden no ser apropiados para su situación.

INTRODUCCIÓN

¡Felicitaciones por dar los próximos pasos en su viaje empresarial! Mi motivación continúa siendo la misma que la de todos mis libros: aportar experiencias y resultados del mundo real sin que ocupe cientos de páginas. Parece que otros están de acuerdo con este concepto, ya que el primer libro, *Tu Primer Emprendimiento: La Guía Para Empezar Su Negocio , Desde La Idea Hasta El Lanzamiento*, fue muy bien recibido por los lectores y les estoy agradecido a todos por ello.

Algunos de los temas son similares a los del primero, pero el contenido se ha actualizado y ampliado, especialmente dentro de las áreas de

Mercadotecnia por correo electrónico y Mercadotecnia en línea. El objetivo es presentar las cosas nuevas que he aprendido junto con otros desarrollos en estrategias comerciales. Tomemos un paseo al siguiente nivel para su emprendimiento.

DÓNDE EMPEZAR

~

Escalabilidad

La escalabilidad es aún más importante que nunca. A menos que su idea o concepto de negocio tenga la capacidad de escalar, como escribí anteriormente, simplemente mantenga su empleo Resista la tentación de iniciar un negocio hasta que pueda resolverlo. Un ejemplo rápido para aquellos que podrían haber olvidado el significado de escalable: su empresa puede manejar un pedido de 1,000 unidades con casi la misma facilidad que un pedido de 100.

Lecciones de Escalabilidad Durante Corona Virus

A nivel mundial, hemos vivido oleadas de epidemias y pandemias. En las últimas décadas, hemos luchado contra la gripe porcina, el SARS, luego el ébola, el virus Zika, y hemos llegado al más reciente, el COVID-19. Los expertos están seguros de que otro reemplazará al reciente en algún momento en el futuro. Cada epidemia expone las debilidades de las ideas no escalables. Ser el mejor reparador de calzado de una sola persona es genial, pero si las personas no pueden o tienen miedo de salir de sus hogares, las cosas no son tan buenas para este modelo de negocio. La última pandemia realmente ha puesto al descubierto modelos de negocio débiles y ha puesto en evidencia la necesidad de tener una parte de su negocio en línea.

El Golpe

El impacto del brote en mi negocio fue inmediato. Estaba impartiendo una clase en el centro de Dinamarca cuando la universidad en la cual estaba enseñando decidió suspender las clases presenciales. Cuando llegué a casa en Copenhague tres horas más tarde, el gobierno decidió cerrar las fronteras del país y cerrar casi todas las actividades comerciales. Al día siguiente, llegó un correo electrónico cortés pero triste de uno de nuestros mejores clientes anunciando que nuestras clases programadas habían sido canceladas. En poco menos de 24 horas, miles de dólares de ingresos simplemente desaparecieron. Esta historia de lo que pasó con mi empresa y yo obviamente no fue la única; les sucedió a millones de personas en todo el mundo. Lo que voy a compartir con ustedes es lo que sucedió después y cómo nos recuperamos.

¡El rebote y la escalabilidad al rescate!

Una de las cosas que no mencioné en el primer libro fueron las amenazas de pandemias en el análisis FODA de mi firma Global Capital Market Solutions (GCMS). Honestamente, una epidemia global no era algo en lo que pensara al caminar, pero en realidad, ¿cuántas personas lo hicieron? Desafortunadamente, parecen ocurrir casi según lo programado cada pocos años. Espero que todos hayamos aprendido de este último, pero, dependiendo de con quién hables, parece que no hay suficientes personas que aprendan las lecciones necesarias.

El hecho de que comencé el lento pero deliberado cambio, hace años, de hacer que GCMS dejara de ser tan dependiente de los ingresos de la clase fue una bendición. Durante la pandemia, nuestro negocio de educación virtual (escalable) experimentó un aumento notable en las ventas. La gente tenía mucho tiempo libre inesperado y quería aprender.

Venta de libros electrónicos, audio libros, libros impresos

La parte editorial de mi universo empresarial es donde he visto algunos de los mayores aumentos en las ventas. Las ventas aumentaron del 50% al 100% dependiendo de la plataforma de libros desde la que distribuyo. Actualmente, mis libros están a la venta en cuatro plataformas diferentes. Muchos autores se adhieren a una plataforma de distribución, pero yo no lo aconsejaría. Esto se debe a que cuando usa una plataforma de distribución, opera bajo sus reglas, que pueden cambiar en cualquier momento. También se reservan el derecho de cancelar su cuenta a su discreción. Para brindar la máxima flexibilidad a mi negocio, como se mencionó, distribuyo en varias plataformas.

Las ventas de libros electrónicos han aumentado más del 50% y mis libros que se han traducido en otros idiomas experimentaron la mayoría de los aumentos. Obviamente, ante la imposibilidad de viajar, los libros electrónicos son una opción lógica para que las personas accedan al contenido.

Mis audiolibros vieron un aumento de casi un 100% en las ventas, lo que fue realmente útil para compensar las pérdidas que vi por el cierre nocturno de las clases presenciales. Mi pensamiento inicial fue que el aumento de las ventas se debió solo al cierre global, pero muchos meses después, las ventas se han mantenido altas.

Sin embargo, no todas mis publicaciones experimentaron aumentos, los libros impresos experimentaron una caída del 20%-30% en las ventas. Una de las razones fue que los servicios de entrega de paquetes en muchos países de repente dejaron de funcionar eficientemente a medida que cada decidía cerrar sus fronteras. Muchas empresas detuvieron o retrasaron tanto las entregas que la gente sintió que no valía la pena el esfuerzo de molestarse en pedir productos físicos.

Cambio de Mentalidad

Cualquiera que inicie un negocio sin tomar en cuenta el cambio mental que han tenido muchas personas en el mundo acerca de estar en multitudes y grupos grandes simplemente está ignorando la realidad. No entraré en la política de cómo se sentiría el dueño de la empresa; se trata de sus clientes. Puede creer que cierto virus es un "engaño" o "noticias falsas", pero si sus clientes potenciales no están de acuerdo, entonces puede defender sus principios y al mismo tiempo declararse en bancarrota.

Varias empresas conocidas han dicho a los empleados que trabajan desde casa que sigan trabajando desde casa. . . permanentemente. Como hemos visto, estos virus parecen aparecer de forma regular. Muchos ahora se preguntan si la querrá volver a las mega multitudes. Personalmente, creo que terminaremos en algún punto intermedio. Somos animales sociales y queremos estar cerca de los demás. . . pero seguros.

MENTALIDAD

❧

Este tema siempre forma parte de mis libros de negocios porque es más crítico que cualquier tecnología o estrategia comercial. Si no tiene la mentalidad correcta para desarrollar un negocio escalable, entonces todo el software del mundo será inútil para usted.

Bueno, la pregunta obvia es ¿qué es esta "mentalidad"? ¿Es simplemente una falsa motivación, un sin sentido de los llamados gurús? En absoluto, es simplemente tener la disciplina para continuar el viaje sin importar lo que suceda. Muchas personas desarrollan esta fortaleza mental de "seguir avanzando sin importar qué" gracias a los deportes (yo lo hice).

Afortunadamente, NO es la única forma de desarrollar este tipo de fuerza, un ejemplo que me encanta utilizar son los músicos clásicos. Cualquiera que haya conocido a uno sabe de las horas que dedica a perfeccionar su oficio. Muchas de las personas que superan los tiempos difíciles que vendrán de los negocios suelen tener alguna otra área que les ayudó a desarrollar este rasgo. Recuerde que incluso los pasos más pequeños lo hacen avanzar.

Éxito

Una parte clave de la mentalidad es determinar por sí mismo qué es el éxito para USTED. Evite la trampa de copiar la visión de éxito de otras personas. Para usted, podría ser un ingreso para complementar lo que gana en su empleo o podría ser un ingreso que reemplace su empleo por completo. Otra persona podría tener un objetivo más filantrópico, por ejemplo, hacer un cambio en la sociedad que no tenga nada que ver con obtener ganancias financieras. Tenga en cuenta que una organización sin fines de lucro no es igual que una pérdida. Incluso estas organizaciones necesitan y utilizan muchos principios del mundo de los emprendimientos, incluidos algunos de los que se describen en este libro.

Una vez que haya determinado qué es el éxito para usted, se deben tomar los pasos necesarios para lograrlo. Me lo han dicho muchas veces y sigue siendo cierto: "No damos un paso hacia el futuro o simplemente llegamos al mismo; lo creamos a partir de lo que estamos haciendo hoy ". Lo que cosechas en seis meses o seis años, justa o injustamente, proviene principalmente de lo que estás plantando ahora. Le sugiero que se pregunte: "¿Qué estoy plantando?"

Buenas Personas

Rodéate tanto como puedas de buenas personas y elimina la negatividad como lo harías con un virus. Como solían decir algunas personas, "Mira quién no aplaude cuando ganas". Buen consejo. Una de las cosas tristes que noté al comenzar con mi empresa fue que, cuando logramos algunas victorias, no todos mis amigos estaban felices por mí. Los negativos solo me revelaron que claramente tenían problemas personales que debían resolverse y su infelicidad hacia un amigo que estaba bien era una señal de eso. Solía molestarme un poco al principio, pero con el tiempo, aprendí a ser mucho más eficiente en la eliminación de estos propagadores de negatividad.

Crítica Constructiva

Existe una delgada línea entre la crítica constructiva (algo bueno) y alguien que simplemente es negativo. A veces, no siempre es fácil notar la diferencia. Mi regla con la gente es que si estás dispuesto a compartir críticas, también debes estar dispuesto a compartir una sugerencia alternativa. Decir "su campaña publicitaria apesta" es inútil por sí solo, a menos que tenga una sugerencia concreta sobre cómo mejorarla. Mejor aún, impresióneme con su campaña publicitaria que incluye todas las características que sugirió que faltan en la mía.

Una nota importante para los nuevos emprendedores, realmente estás solo. No es el trabajo de sus amigos o familiares salvar su negocio. Si le ayudan, genial; sin embargo, en mi opinión, no tienen la obligación de ayudarlo. Sin embargo, deben mantenerse fuera de su camino y no ser una molestia.

No Tienes que Hacerlo

Pensarías que, dado que escribo libros sobre el mundo de los emprendimientos y los emprendedores, estoy a favor de la propiedad empresarial, y en su mayor parte, tienes razón. Sin embargo, estoy igualmente a favor de la idea de que esto no es para todos. Muchas personas que han iniciado negocios nunca deberían haber dejado sus empleos. No hay nada de malo en estar empleado. Sí, lo leíste correctamente, no hay nada de malo en estar empleado, tener un ingreso estable y regresar a casa a tiempo todas las noches para cenar con tu familia.

Muchos emprendedores y la cultura en torno al emprendimiento a menudo desprecian a las personas que eligen seguir trabajando en un empleo. Mi opinión es que hay muchas formas de marcar la diferencia en la sociedad y la vida en general. El maestro de escuela que entra en la vida de un estudiante con dificultades y le muestra que puede aprender es un héroe para mí. Por lo tanto, si después de leer estas páginas, decide que "iniciar un negocio no es para mí", respeto esa elección. La decisión de no iniciar un negocio en este momento de su vida no es lo mismo que decidir que nunca sucederá. Su visión de la vida podría ser diferente en seis meses y cualquiera que sea el resultado final, todos los fanáticos de los emprendimientos y los futuros emprendedores deberíamos ser más respetuosos con la elección de otras personas de no unirse a nosotros. La libertad es la meta; puedes alcanzar la libertad de muchas formas diferentes.

LA REGLA DE IGUALDAD DE PROBABILIDADES Y OBTENER MÁS NEGOCIOS

La Regla de Igualdad de Probabilidades

Un concepto que ha captado mi atención en los últimos años desde que comencé GCMS es la regla de igualdad de probabilidades. Para empezar, permítanme decir lo que es de esperar que sea obvio: no es mi teoría; en realidad, es obra de Keith Simonton, un psicólogo de Harvard de la década de 1970. La regla establece que "la publicación promedio de un científico en particular no tiene ninguna posibilidad estadísticamente diferente de tener más impacto que la publicación promedio de cualquier otro científico". En términos sencillos, es igualmente probable que un científico publique un trabajo que llame la atención, que producir un trabajo al que nadie presta atención.

Entonces, ¿qué tiene esto que ver con los negocios? ¿a dónde voy con esta idea? A donde lo estoy llevando es a darse cuenta de que su capacidad para predecir lo que será un producto exitoso o una idea comercial exitosa no es tan buena como cree. Tengo tantos ejemplos personales de esto que los ejemplos solos podrían ser otro libro. . . no se preocupe, no tengo planes de publicar un libro como ese.

Algunos ejemplos concretos de mi mundo de educación virtual y publicación de libros de GCMS. Tengo algunos libros que publiqué originalmente en inglés que tuvieron buenas ventas. Luego, cuando se tradujo al español y al italiano, las ventas aumentaron drásticamente. Otro ejemplo, tengo libros que se vendieron bien como libros impresos y electrónicos, y luego se vendieron mal como audiolibros. Lo que he visto más son libros que tuvieron ventas débiles como impresos pero grandes ventas como audiolibros. ¿Por qué? Estoy seguro de que los gustos y la competencia de las personas influyen, pero atribuyo mucho a la Regla de Igualdad de Probabilidades: simplemente NO sabes con certeza de dónde vendrá tu próximo éxito.

Con GCMS educación virtual, las ventas fueron lentas al principio, luego, cuando aumentamos el precio de repente, más ventas, ¿por qué? El contenido siempre fue bueno y, de hecho, lo ampliamos para convertirlo en el mejor en su categoría, pero extrañamente las ventas aumentaron después de que subimos el precio.

Aplico la Regla de Igualdad de Probabilidades en tantas áreas de mi vida ahora que a veces da miedo. He aprendido a simplemente probar más cosas, y los animo a que lo prueben con los negocios, pero con el principio de hacer que el fracaso pueda sobrevivir. Esto no es negociable; la licencia para probar cosas nuevas no es un permiso para una locura ilimitada. Por favor, pruebe muchas cosas y hágalo a menudo, pero solo con la pauta de que si la idea falla, su negocio no se hunde a causa de ella. Por ejemplo, desea probar un nuevo mercado o conjunto de anuncios para comercializar sus productos. Le sugiero que solo asigne una parte de su presupuesto de mercadeo, no todo, o no más del 10-15% para comenzar. El conocimiento aprendido del uso del 10-15% del presupuesto se puede refinar para sus próximos intentos. Por cierto, también es cierto que las probabilidades de éxito aumentan a medida que mejoran nuestras habilidades. Este es un concepto que también he utilizado en mi comercio de divisas, y me ha mantenido en el lado rentable. Aquellos que han tomado mis clases de trading conocen muy bien esta regla.

En resumen, usted y yo no somos tan buenos como creemos para saber qué será un éxito en el mercado con los clientes.

Lo que realmente importa para obtener más negocios

Tener y desarrollar una red profesional de personas que conoce bien es una de las mejores cosas que puede hacer por su negocio. Cuando hablamos de crecimiento de las ventas, las campañas publicitarias realizadas correctamente valen la pena, pero pueden ser costosas. Este costo también puede ser una barrera si recién está comenzando y sus fondos son limitados.

Sus conexiones profesionales jugarán un papel exagerado al inicio de su negocio, por suerte o por desgracia. Realmente desearía que hubiera alguna forma mágica de evitar este hecho. Esto es injusto, y supongo que políticamente incorrecto, pero yo no tengo tiempo para eso, y usted tampoco.

Antes de profundizar en esto, necesito aclarar que obviamente sus productos o servicios deben ofrecer a los clientes valor a un precio justo. Tu reputación también influirá, pero una buena red de conexiones te permite acelerar el proceso de crecimiento.

Comienzo usándome a mí mismo como ejemplo sobre algunos eventos que he experimentado debido a mi red:

Discurso sobre la tecnología blockchain en la Embajada Real de Dinamarca en Moscú, Rusia

La primera pregunta que me hicieron fue: "¿Eres danés?" No, no lo soy. Nací en Jamaica pero crecí en Estados Unidos (Nueva York). Conseguir un trabajo remunerado como orador para directores ejecutivos daneses en Moscú no fue algo que planeé, pero fue debido a un libro que escribí sobre tecnología que llamó la atención de algunas personas. Siguiendo mis pasos para tener un buen producto (el libro), llegar a Rusia requirió ayuda de mi red. Conocí una persona que consulta con profesionales de alto nivel en Moscú y había una demanda de información sobre blockchain. Hicimos una conexión y, un par de meses después estaba hablando en la embajada en Moscú.

Foto: Hablando en la Embajada Real de Dinamarca en Moscú, Rusia.

Una conferencia en línea de dos días transmitida en América Latina sobre criptomonedas (Bitcoin, etc.)

Este evento fue uno de los más desafiantes que he realizado. Un equipo de presentadores y yo impartimos clases en línea sobre cómo operar con criptomonedas en español. Estaba trabajando con un banco con sede en Santiago, Chile, y el evento contaba con asistentes de toda América Latina. ¿Cómo haría una conexión? ¿Hablaba siquiera español?

Cuando lo piensa, las posibilidades de que un banco en Chile se entere de un jamaiquino / neoyorquino que viva en Dinamarca es poco probable. Vuelven las palabras "red profesional", todo esto fue el resultado de una conexión bancaria que yo tenía quien era el director de una oficina regional en Panamá. En ese momento, también acababa de escribir un libro sobre criptomonedas y estaba lanzando ese producto. Para los curiosos, hablaba muy poco español cuando me ofrecieron la oportunidad de hacer el evento. Inmediatamente tomé la decisión de aprender mucho más español y rápidamente. Encontré un tutor en Oviedo, una pequeña ciudad del norte de España. Volé desde Dinamarca y comencé a tomar clases privadas diariamente durante un mes hasta que pude comunicarme en español.

Foto: Una publicación en línea sobre el evento en América Latina.

Espero que estos dos ejemplos dejaran claro el patrón: necesitas tener un producto o servicio que brinde valor, y luego tener una red profesional que le ayude a acelerar su proceso de crecimiento.

Incluso antes de iniciar mi propia empresa, tener una red profesional jugó un papel importante en mi vida. Conseguir mi primer empleo en la ciudad de Nueva York fue influenciado por personas que conocía en la industria financiera. Los primeros trabajos bancarios que pude conseguir en Europa fueron gracias a datos que me dieron unos amigos. Tan buenos fueron los consejos que uno de los trabajos fue una de las situaciones de entrevista "sin entrevista" que se han vuelto más comunes. Esta "no entrevista" significa que, en lugar de una entrevista tradicional, usted simplemente discute si existe una reunión de opiniones entre usted y su posible empleador. ¿Mi situación fue única? ¡Absolutamente no!

Obteniendo un Red Profesional

Sería una decepción hacer gran énfasis en el valor de su red sin ofrecer algunos pasos sobre cómo adquirir una.

LinkedIn

Cree y mantenga una cuenta de LinkedIn lo antes posible. Esta es la herramienta preferida para redes de conexiones de negocios. Agregue una foto de perfil de usted como una persona en su camino hacia adelante en la vida. A partir de ahí, puede comenzar a conectarse con personas en empresas que le interesan. Una nota de precaución, conectar con alguien y al día siguiente, suplicar favores es considerado de muy mal gusto. La persona probablemente le bloqueará o ignorará. Otro punto en el viaje de las redes de contactos profesional es iniciar el proceso mucho antes de que necesite utilizarlo.

Actividades profesionales y voluntarias

Además de LinkedIn, le sugiero que conecte con grupos profesionales que sean de su interés lo antes posible. Un recordatorio amistoso, la clave para la creación de redes es comenzar antes de que lo necesite. De lo contrario, corre el riesgo de parecer un estafador con la esperanza de tomar pero sin ofrecer nada. Por cierto, no hay nada de malo en hacer negocios legítimos, pero contribuya antes de tomar.

Se comienza con grupos profesionales relevantes, pero en este proceso no se pasan por alto los grupos de voluntariado o deportivos. Se sabe que atraen todo tipo de antecedentes profesionales y tienen el beneficio adicional de brindarle una salida para que usted se tome un descanso de las presiones de hacer crecer un negocio.

Algunos ejemplos de mi mundo: he hablado en la cámara de comercio juvenil local, que tiene muchos empresarios de ideas afines. Dado que tengo interés en la tecnología blockchain, también he hablado en eventos patrocinados por la principal organización blockchain que tenemos en el norte de Europa. Ambos grupos nos han permitido adquirir más clientes.

Liderazgo

Ahora que está en el grupo, el siguiente paso es ir más allá de ser un miembro sin rostro y buscar un rol de liderazgo. Con un rol de liderazgo, puede maximizar y potenciar sus oportunidades de networking. Será el punto de contacto para empresas y grupos externos. Esto también podría conducir a la creación de redes con otras empresas y clientes.

En muchos casos, sus habilidades para hablar en público mejorarán de ser un líder. Cuando se trata de hablar en público, practique esta habilidad tan a menudo como pueda, le ofrece uno de los mejores retornos posibles sobre la inversión de su tiempo.

Para evitar dar señales contradictorias, debo decir lo obvio; su negocio es lo primero, no el grupo de voluntarios. Si hay un conflicto con el uso de su tiempo, usted es más valioso para cualquier organización al tener un negocio rentable. . . estar en quiebra no ayuda a la causa.

MERCADOTECNIA POR CORREO ELECTRÓNICO

Mercadotecnia por Correo Electrónico

Este tema se ha convertido en una parte importante de mi evolución como empresario. ¡Lo único seguro de la Mercadotecnia por correo electrónico es que no es una sola cosa! Necesita una combinación de cosas y una secuencia de correos electrónicos. La Mercadotecnia por correo electrónico es algo que deberá incorporar a medida que se desarrolle su negocio. Hay varios pasos involucrados, y las cosas pueden complicarse un poco si no tiene experiencia en Mercadotecnia por Internet.

Lo que le ofreceré son los pasos prácticos necesarios para comenzar. Esto es algo por lo cual los consultores suelen cobrar miles de dólares para enseñar. Como verá, es un valioso conocimiento, pero en mi opinión, estos consultores de Mercadotecnia cobran demasiado dinero. La mayoría de las veces, anuncian que ofrecen conocimientos "únicos", pero estoy aquí para confirmar que no ofrecen nada demasiado exclusivo. Como ocurre con muchos sistemas, la mayor parte depende de la ejecución. Algunos consultores se desempeñan mejor que otros, y aquellos con una gran ejecución lo valen, pero solo después de demostrarle cómo lo hicieron con su negocio. Si la estrategia es tan buena, ¿por qué no la utilizan en sus empresas?

Lead magnet

Un lead magnet es una de las principales herramientas que utilizan los especialistas en Mercadotecnia para crear una lista de correo electrónico. Una de las cosas más valiosas que puede tener casi cualquier empresa es una lista de correo electrónico verificable (no una llena de correos electrónicos falsos). Es tan valioso que la gente pagará lo que sea para construir una, y si tiene una, puede ganarse la vida dignamente solo con la lista.

¿Qué es?

Entonces, ¿qué es exactamente un lead magnet? Es cualquier cosa que convenza a los visitantes de su sitio web para que dejen sus direcciones de correo electrónico. El imán puede tener la forma de un libro electrónico, una descarga de software (a menudo con una prueba gratuita) o incluso un paquete de capacitación en video. Evidentemente, el imán debe ser algo de valor. Un PDF de una página no suele tener suficiente valor. Uno de los mejores imanes en mi experiencia y la de muchos otros es un libro electrónico sobre algún tema relacionado con su servicio. Por cierto, el libro electrónico no puede tener solo 20 páginas de publicidad para su servicio. Debe proporcionar valor, lo que a menudo se puede lograr en 20 - 30 páginas. Tengo uno de esa longitud en mi sitio web que ha funcionado muy bien. Puede visitar mi sitio y comprobarlo: www.gcmsonline.info.

Con un libro electrónico, puede escribirlo usted mismo o hacer que alguien lo escriba por usted. Lo que pagará depende de la calidad del escritor y la complejidad del tema.

Una vez que haya determinado cuál será su lead magnet, viene el mundo de los servicios que necesitará para la ejecución. Usé un servicio, BookFunnel, para regalar mi libro electrónico. Le permiten crear una página de destino o una página de regalo para su oferta. Para aquellos que no estén familiarizados con las páginas de destino, permítanme ofrecerles una explicación rápida: es una herramienta utilizada en la Mercadotecnia en línea con el objetivo de ofrecer al visitante de la página un servicio, oferta o producto a cambio de su dirección de correo electrónico.

En mi caso, creé una página de destino simple para que las personas dejaran sus correos electrónicos para obtener mi libro electrónico. No necesitas nada demasiado complicado; simplemente establezca su propuesta de valor de por qué la gente debería aceptar su oferta.

El servicio que elija utilizar para esto debería hacer la mayor parte del trabajo por usted, y la mayoría son relativamente económicas. Usé BookFunnel, pero no lo estoy respaldando; No tengo ninguna relación comercial con ellos más que como cliente.

Una vez que se recopilan los correos electrónicos, su proveedor de servicios generalmente le enviará una actualización periódica de las personas que se han suscrito a su oferta junto con sus correos electrónicos en formato CSV. CSV es la abreviatura de valores separados por comas. Este es un tipo de archivo que guarda tablas e información de hojas de cálculo. El contenido suele ser una tabla de texto, números o fechas separados por comas. Los archivos CSV se importan o exportan fácilmente, y muchos servicios de correo prefieren este formato al transferir archivos.

El siguiente paso para su archivo CSV es cargarlo o importarlo a un servicio de lista de correo. El término que a veces utilizan es "integración". El servicio de correo le permite crear una secuencia de correo electrónico automatizada, y aquí es donde las cosas pueden complicarse un poco dependiendo de cuántos correos electrónicos desee en la secuencia y el tiempo, etc. En esencia, está haciendo un poco de programación, porque una vez que el sistema esté configurado, se ejecutará automáticamente. Una secuencia automatizada simple puede verse así:

Muestra de secuencia automatizada:

Paso 1: Cuando un suscriptor se une al grupo: Compañía de Muestra ABC

Paso 2: Espere 1 día

Paso 3: Envíe un correo electrónico de bienvenida

Paso 4: Espere 3 días

Paso 5: Envíe un correo electrónico de una oferta o una venta adicional de su producto

Paso 6: Espere 2 días

Paso 7: Envíe un correo electrónico con un recordatorio de la oferta

Como se mencionó, esta es una secuencia básica; la duración de los días de espera entre correos electrónicos dependerá de su industria y producto. Hay sistemas que las personas crean para enviar diferentes tipos de correos electrónicos dependiendo de la acción o falta de acción del correo electrónico inicial. No estoy a ese nivel con los correos electrónicos automatizados. Sin embargo, debo admitir que estoy en el nivel de usuario práctico, en el sentido de que puedo usarlo para generar ventas sin gastar horas y días en programación.

Le recomiendo encarecidamente que si obtiene un mentor o entrenador en cualquier tipo de sistema de correo electrónico, requiera que estén allí para recibir instrucciones prácticas intensas al principio. A menos que tenga experiencia en Mercadotecnia en línea, la jerga y los sistemas pueden ser un poco difíciles de navegar (hay una guía de jerga en un capítulo posterior). Los diferentes servicios de listas de correo del mercado no suelen ser conocidos por su sólido servicio al cliente. Se especializan en crear software y sistemas, no en ayudarlo a configurarlos. Para ser justos con ellos, generalmente solo cobran una pequeña tarifa mensual por sus servicios, por lo que no deja un presupuesto excesivo para un equipo completo de servicio al cliente.

Una vez que su sistema esté en su lugar, habrá una cierta cantidad de prueba y error hasta que comience a funcionar como se desea. Este proceso de prueba y error será necesario con o sin entrenador.

Conectando ventas y Mercadotecnia

A medida que avance con su Mercadotecnia, es importante que los correos electrónicos y su sitio web estén conectado al objetivo final o meta de sus clientes potenciales. Si no sabe cuál es este objetivo, es fundamental que lo resuelva lo más rápido posible. Este conocimiento es una de las claves para incrementar sus ventas. Por ejemplo, mi empresa se especializa en educación práctica sobre mercados de capitales, pero los objetivos finales de nuestros clientes son conseguir un nuevo empleo o mejorar sus operaciones. Por lo tanto, todos nuestros materiales de Mercadotecnia se centran en estos objetivos. Esto se remonta al concepto empresarial clásico de separar el beneficio de un producto de sus características.

LO QUE LOS CONSULTORES NO LE DIRÁN

Evita la trampa de hacer lo que hace una empresa famosa

El error de simplemente hacer o copiar cualquier cosa que haga una gran empresa es una trampa empresarial que a menudo se pasa por alto. Al tratar con algunos consultores, una de las cosas que les encanta utilizar son los estudios de casos o ejemplos de lo que funcionó para las grandes empresas.

¿Deberías hacer lo que hicieron IBM o Google? Podría ser un buen consejo si su empresa se encuentra en ese nivel de desarrollo. Por ejemplo, en este libro no pierdo su tiempo escribiendo sobre estrategias de los grandes bancos para los que trabajé en el pasado. El tema del libro son las estrategias para pequeñas empresas con presupuestos limitados; por lo tanto, me refiero a las estrategias que funcionaron cuando inicié mi empresa y lo que hicimos después de cierto crecimiento. Esa complicada estrategia que utilizó su gran empresa favorita fue buena para ellos con una plantilla de miles de empleados y presupuestos casi ilimitados. Otra forma de explicarlo es, ya sea que el asesoramiento provenga de consultores remunerados o de un amigo, solo tenga en cuenta que el asesoramiento debe ser relevante para la etapa de desarrollo de su negocio.

No son solo los consultores individuales los culpables de esto, varios de los seminarios web y seminarios a los que he asistido en busca de nuevas ideas también fueron culpables de este error. Lo que escuché a menudo eran principalmente historias de lo que funcionó para empresas con mega presupuestos, no para un pequeño emprendimiento. Finalmente, esto no es lo mismo que decir que no se puede aprender nada de las empresas más grandes porque hay ideas que se pueden utilizar, por ejemplo, escalar. Solo necesita estar alerta y evaluar si lo que escucha es realmente relevante para el crecimiento de su empresa.

CUESTIONES PRÁCTICAS

Problemas legales y regulatorios

Además de obtener todos los permisos necesarios para evitar meterse en problemas, el nuevo desafío normativo para los emprendedores es la protección de los datos de los clientes. Hay muchas más regulaciones vigentes ahora con respecto a cómo almacenar datos y qué se puede hacer con la información de las personas que cuando inicié mi negocio. Ignorar estas reglas podría resultar en costosas multas y podría dañar su reputación.

En la Unión Europea, contamos con el Reglamento General de Protección de Datos (GDPR por sus siglas en inglés *General Data Protection Regulation*). El Reglamento General de Protección de Datos se ocupa de la transferencia de datos de clientes fuera de la Unión Europea. A partir de mi investigación, descubrí que varios países (Chile, Argentina, Brasil, Kenia, Corea del Sur y Japón) han adoptado muchos componentes del GDPR. Le recomiendo encarecidamente que investigue qué se requiere para su país o región.

Tratando con Inversores

Cuando inicié mi empresa, los bancos seguían siendo la principal forma de financiación si no tenía suficiente capital. En el primer libro, describí dolorosamente cómo en 2008, incluso con un crédito excelente, dinero en el banco y siendo cliente durante muchos años, mi banco me rechazó rápidamente para un préstamo comercial. Los tiempos han cambiado para mejor, en el sentido de que usted, como emprendedor, tiene más caminos que seguir cuando intenta asegurar fondos para su idea de negocio. Mi banco en ese momento quería algo seguro, una garantía. . . iniciar un negocio obviamente no lo es.

Si necesitas financiación, hoy en día existen incubadoras de empresas, crowdfunding, capital privado, capital de riesgo, inversores ángel, etc. De entre estos, debes seleccionar el que le resulte más cómodo. Iniciar un negocio es lo suficientemente estresante sin tener que luchar con los inversores al mismo tiempo. Usé mi propio dinero, negocié divisas e hice trabajos secundarios para financiar mi negocio, pero ese fue mi camino; No es para todos.

Mi consejo para quienes buscan financiamiento es esperar el mayor tiempo posible antes de solicitarlo. Desea acercarse a los inversores lo más fuerte posible. Cuanto más débil seas, más capital / propiedad tendrás que ceder a cambio de financiación. Para ser más concreto, idealmente se acercará a los inversores cuando tenga una prueba de concepto, y la mejor prueba de concepto son los clientes que pagan. Hace unos años, todo lo que necesitabas eran personas que visitaran tu sitio web. Los inversores han madurado desde entonces, ahora exigen que usted demuestre que existe una posibilidad razonable de que recuperen su inversión e idealmente obtengan una gran ganancia.

Sitio Web

No tener un sitio web hoy en día es suicidio empresarial. Si está leyendo esto, supongo que tiene uno o está en proceso de construir uno. La actualización del primer libro es que ahora debe asegurarse de que su sitio web sea compatible con dispositivos móviles / teléfonos celulares. En otras palabras, cuando las personas visiten su sitio, puedan acceder a su contenido con facilidad desde cualquier dispositivo.

Redes Sociales

En los últimos años, ha habido una explosión de nuevos jugadores en el mundo de las redes sociales. Mi favorito es LinkedIn porque estoy principalmente en el universo de las finanzas y el coaching empresarial. Si tuviera una cafetería o un restaurante, entonces Instagram o Facebook serían mi énfasis.

Influencers

Lo que ciertamente no existía, o al menos como una descripción de empleo cuando inicié mi negocio, son los Influencers. Nunca lo hubiera creído si me hubieras dicho hace diez años que la gente sería famosa por ser famosa. Es decir, una persona tiene fama sin tener talento o habilidad identificable. Me parece risible, pero afortunadamente para ellos, muchas personas ven valor en lo que ofrecen cuando promocionan productos a sus seguidores.

Nunca he trabajado con uno, pero por lo que he leído y los comentarios de mis asociados es que es una apuesta. Muchos de estos influencers han sido atrapados con seguidores falsos, lo que es básicamente un fraude. Hay otros que están luchando con problemas de credibilidad de sus seguidores debido a los productos que eligieron respaldar. Mi sugerencia, si decide comenzar a trabajar con uno, es hacer una verificación de antecedentes rigurosa antes de entregar su dinero. Un recordatorio para los impacientes, el boca a boca sigue siendo una herramienta poderosa. Tener clientes satisfechos es uno de los mejores "influencers" que conozco.

¿QUÉ TIPO DE NEGOCIO COMENZAR?

~

Los rápidos cambios en la tecnología y los gustos del público realmente han expuesto las debilidades de muchos modelos comerciales, incluidas algunas debilidades en mi propio negocio. Tuve la suerte de comenzar la transición de colocar más de mi negocio en línea antes de verme obligado a hacerlo. Estar en línea elimina muchos de los dolores de cabeza de tener una ubicación física, por ejemplo, tener que pagar el alquiler de una elegante dirección de oficina. En línea es una buena opción, pero mi opción preferida es tener algún tipo de híbrido en el que esté conectado y desconectado. Las personas, a veces enamoradas de internet, olvidan que estar 100% en línea también conlleva desafíos. Todo lo que necesita es un problema con su red o ataques de piratas informáticos de internet para arruinar su semana. Desafortunadamente, ha habido historias tristes de dueños de negocios cuyos sitios web o archivos fueron retenidos por piratas informáticos para pedir rescate.

Independientemente del negocio que inicie e incluso si ya tiene un negocio, la atención debe centrarse en la escalabilidad y en sobrevivir a las fallas. Un ejemplo de cómo lograr la supervivencia de un fracaso es no ponerse nunca en una situación en la que la pérdida de uno o un par de clientes o de una región acabaría con su negocio si sucediera. En un mundo de sentido común, esto debería ser un pensamiento básico, pero para mi sorpresa, es sorprendente la frecuencia con la que tanto las pequeñas como las grandes empresas cometen este error. En nuestro aeropuerto internacional, había una empresa de manejo de equipaje que tenía un cliente importante, una compañía aérea. Esa aerolínea quebró y la empresa de manejo de equipaje tuvo que despedir a cientos de empleados. Debo preguntarme qué estaban haciendo los líderes de la firma todos los años anteriores. Claramente, no se estaba pensando mucho. Ahora revisemos algunas de mis ideas comerciales sugeridas para propietarios de negocios nuevos o existentes.

Redacción y publicación de libros electrónicos

Para empezar, explicaré las diferencias. La publicación de libros no es lo mismo que la escritura de libros. Yo personalmente escribo todos mis libros; sin embargo, hay personas que optan por que otros escriban por ellos, a veces llamado escritura fantasma. Esto no es nada nuevo; ha existido durante años. Esto no es para emitir juicios morales, solo para explicar que es una elección para algunas personas. Entonces, estas personas son en realidad solo editores.

Soy un escritor que se autoedita. En las próximas páginas, lo explicaré desde el punto de vista de quien publica lo que escribe como empresa.

Mi exposición y experiencia en esta área ha crecido mucho desde mi primer libro. Una de las principales razones es que las opciones, con respecto a lo que una persona puede hacer en la industria, se han expandido significativamente. Mi objetivo original con la publicación era escribir algunos libros sobre temas que disfrutaba y sobre los que sabía mucho. Tomé el camino de la publicación independiente porque luché al intentar que una editorial importante publicara mis primeros libros. Tomar la ruta independiente resultó ser lo mejor para mí al final. Tengo más libertad y me quedo con muchas más ganancias.

Propietario del contenido

Lo primero que debe tener en cuenta al escribir y autoeditar es que ahora tiene contenido propio. ¡El contenido es algo valioso! Una vez que lo tenga, puede convertirlo a muchos formatos. Mis libros electrónicos se convirtieron en libros impresos y, en los últimos años, pasaron a ser audiolibros. Ha habido un tremendo aumento en las ventas de audiolibros. Dependiendo del tema sobre el que escriba, también puede convertir ese contenido en un curso en línea.

Se pone mejor; Me ofrecieron y acepté participar en conferencias simplemente porque escribí un libro, está bien, era un buen libro. Este es también un ejemplo del modelo de negocio híbrido; mis libros electrónicos están en línea, pero hablo con grupos sin conexión.

Mi consejo es simple, si sabes mucho sobre algo y te apasiona, escríbelo y publícalo. Ten en cuenta que además de ser un negocio, tiene el potencial de ayudar a personas alrededor del mundo. Solo porque algo le resulte fácil a usted, otra persona podría necesitar esa información para cambiar o mejorar su vida. Leo mucho como norma y estoy agradecido con los autores que han compartido sus conocimientos conmigo y con el mundo.

De la idea a la publicación

Para empezar a publicar, empieza a escribir; así de simple. Pero, por supuesto, lo simple no siempre es fácil. Escribir, como muchas otras cosas, se vuelve más fácil con la práctica. Una de las cosas que asusta a los nuevos autores es el miedo a la extensión del libro. Si su objetivo principal es dar valor a los lectores, entonces no se requieren 20.000 palabras para la no ficción; puede proporcionar un valor en 5,000. Si cambia a escribir novelas románticas en la ficción contemporánea, esperaría de 30.000 a 50.000 palabras, pero ese es un género completamente diferente.

Una vez que su libro esté escrito, seleccionará una plataforma para cargarlo y ponerlo a la venta. Algunos escritores utilizan solo una plataforma, yo utilizo varias, pero al final tú decidirás qué es lo mejor para ti. Hay otros que venden exclusivamente desde su propio sitio web; Hice esto al principio, pero ahora he evolucionado para usar múltiples plataformas.

En cuanto a la comercialización y venta de su libro, las diferentes plataformas tienen una base de lectores existente; sin embargo, siempre puede llevar las cosas a otro nivel ejecutando sus propios anuncios. Los autores suelen utilizar anuncios de Facebook, listas de distribución y redes sociales para ayudar a aumentar las ventas.

Más allá de los libros electrónicos

Su siguiente paso será seleccionar el formato de su libro más allá de un libro electrónico. Existe la opción de tener su libro impreso y también en audio, como fue mencionado anteriormente, los audiolibros han visto un aumento notable en las ventas. Hay más buenas noticias; También puede explorar la posibilidad de traducir su libro a varios idiomas. Es posible que su libro no sea un éxito en su idioma nativo, pero podría convertirse en un éxito en otro. Solo recuerde la regla de igualdad de probabilidades, nuestra capacidad para predecir lo que será un éxito no es tan buena como nos gustaría creer.

La siguiente fase de su viaje editorial y tal vez incluso la parte más emocionante es aprovechar su libro para hablar en público. Es algo que he hecho cada vez más en los últimos años. Puede que ahora no sea tu objetivo, no era el mío inicialmente, pero yo evolucioné hacia él y tú también puedes.

La autoedición es una herramienta increíble debido a su flexibilidad. Algunos autores se enfocan en vender tantos libros como sea posible, otros lo usan para elevar su perfil público para hablar en público y algunos lo usan simplemente para compartir su pasión por un tema con los lectores. Por cierto, para quienes prestan atención, parece ser una tendencia que casi todos los políticos escriban un libro antes de postularse para un cargo.

Seminarios web: clases en línea

Ofrecer seminarios web pagados, clases, etc., es una excelente idea y, si tiene un libro conectado a la clase, aún mejor. Es importante enfatizar que un libro no es un requisito para crear un curso.

La gente pagará por acceder a su conocimiento. He entrenado a personas a nivel mundial y es tanto lucrativo como personalmente satisfactorio. Sentirá una gran satisfacción al saber que ha ayudado a alguien a resolver un problema o abierto sus ojos a nuevas posibilidades. Al igual que mis clientes, también recibo coaching sobre cosas en las que quiero mejorar.

Consultoría

Si puede demostrar cómo su conocimiento y habilidad beneficiarán a las organizaciones o grupos de una manera práctica, ellos le pagarán por ello. He trabajado con varios grupos en proyectos de educación práctica sobre los mercados de capitales y hablo directamente sobre la realidad de iniciar un negocio con efectivo limitado.

Estos son solo algunos de mis negocios favoritos para iniciar cuando tiene efectivo limitado. Debería haber notado que todos se pueden vincular una vez que haya creado algún contenido. Un curso puede conducir a un libro, que conduce a un compromiso de hablar en público o una tarea de consultoría. Durante todo el proceso, estará mezclando el mundo en línea y fuera de línea para brindar diversidad de ingresos.

ANÁLISIS FODA DE
GLOBAL CAPITAL MARKET SOLUTIONS (GCMS)

Análisis FODA de Global Capital Market Solutions (GCMS)

Análisis FODA

El análisis FODA de mi empresa está de vuelta, tenía uno en el primer libro y ahora tienes la versión actualizada. Para aquellos que olvidaron el significado, FODA = Fortalezas (¿es escalable?), Debilidades, Oportunidades, Amenazas. Puedes comparar mi FODA actual con la primera para ver cómo hemos evolucionado. Utilicé esto en el primer año de mi empresa. Algunos detalles siguen siendo secretos, pero mucho de lo que examiné al iniciar GCMS está abierto para revisión. Recomiendo un análisis FODA para todas las empresas. Esta es una gran comprobación de la realidad para usted, no para los bancos o sus amigos

Ubicación de la Sede

Las sedes de la firma se encuentran en Copenhague y Madrid.

Fortalezas

- **Administración:** Nuestro personal administrativo tiene experiencia internacional y está altamente capacitado en su campo específico.

- **Personal Capacitado:** Nuestro grupo de consultores incluye algunos de los mejores en el negocio.

  - **Visión clara de la necesidad del mercado:** GCMS conoce a sus clientes potenciales (operadores privados, estudiantes universitarios, recién graduados e instituciones financieras medianas)

Debilidades

- **Insuficiente exposición en el mercado:** aunque los productos y el contenido de GCMS son de alta calidad, no hay suficientes clientes potenciales que nos conozcan. Hemos ampliado nuestra Mercadotecnia por correo electrónico para mejorar esto.

Oportunidades

- **Crecimiento en el mercado:** El crecimiento que vemos en general en la industria financiera y los mercados en desarrollo aumentará el número de clientes potenciales para nuestros servicios. GCMS continuará enfocándose en expandir nuestra participación de mercado.

- **Potencial de crecimiento internacional:** GCMS está establecida y tiene estabilidad financiera; ha comenzado a comercializar sus servicios en diferentes países en desarrollo. GCMS ha iniciado esta campaña y ya tenemos presencia en varios continentes. Además, diversificaremos nuestros esfuerzos de comunicación a través de Internet.

- **Potencial para convertirse en el proveedor principal:** GCMS no solo tiene la personal capacitado, sino que también tiene una estrategia escalable a partir de la cual construir una plataforma sostenible para el crecimiento.

Amenazas

- **Tecnología:** Tenemos una exposición en línea mucho mayor que en el pasado; por lo tanto, cualquier interrupción del servicio de Internet, ya sea para nosotros o para los clientes, representa una mayor amenaza que antes.

- **Competidores regionales emergentes:** Actualmente, GCMS disfruta de una ventaja de pionero en muchos mercados. Sin embargo, es posible que haya competidores en el horizonte y estamos preparados para su entrada. Muchos de nuestros programas se basan en la experiencia y los contactos personales que simplemente no están disponibles para otros.

- **Leyes, regulaciones y políticas:** Cualquier nuevo requisito legal al que GCMS deba adaptarse.

- **Pandemia o recesión económica:** Recesión económica imprevista o no anticipada o las pandemias como COVID-19 reducirían los ingresos disponibles de los clientes potenciales. Sin embargo, se han aprendido lecciones y existen procedimientos para manejar las crisis económicas.

Visión

GCMS tiene el potencial y planea convertirse en el principal proveedor de educación y consultoría práctica sobre mercados de capital a nivel mundial. La buena noticia es que estamos en camino de que esto suceda.

PRÓXIMOS PASOS

~

Cuando estés listo para comenzar – Contáctame

Espero sinceramente que este libro le haya sido de utilidad. Sin embargo, también me doy cuenta de que los libros tienen algunas limitaciones. Para aquellos que deseen más capacitación práctica, contácteme aquí: www.gcmsonline.info, donde puedo responder a sus desafíos comerciales.

Si no leyó el primer libro, *Tu Primer Emprendimiento: La Guía Para Empezar Su Negocio , Desde La Idea Hasta El Lanzamiento*, entonces lo invito a que lo haga porque contiene muchas lecciones valiosas que lo ayudarán en su desarrollo continuo como propietario de un negocio.

GUÍA DE JERGA DE MERCADOTECNIA EN LÍNEA PARA PROPIETARIOS DE PEQUEÑAS EMPRESAS

El objetivo de esta breve descripción es ampliar su conocimiento de la jerga de la Mercadotecnia en línea para que esté mejor equipado al utilizar las herramientas que puede encontrar en los sistemas de Mercadotecnia por correo electrónico. Esta guía también le ayudará a interpretar los informes que necesitará comprender al evaluar los datos de su sitio web. Lo armé en un lenguaje sencillo para que aquellos sin una sólida experiencia en Mercadotecnia en línea puedan entenderlo con facilidad.

Costo de Adquisición de Clientes (CAC)

Este es su costo de ventas a Mercadotecnia. Esto se puede medir en semanas, trimestres o anualmente, todo depende de tus objetivos. Donde la gente a veces se equivoca es que no incluye el costo total de Mercadotecnia. Debes incluir **todo**, los sueldos, el costo de publicidad, comisiones, etc. de lo contrario, nunca tendrás una imagen real de lo que te cuesta cada venta.

Sistema de Gestión de Contenidos (CMS)

CMS (por sus siglas en inglés Content Management System). Es una herramienta que se utiliza para administrar y editar un sitio web. Este es el "backend" de un sitio web. Con un sistema de gestión de contenido, tiene la función de administrador en el que puede, por ejemplo, otorgar o eliminar el permiso de las personas para acceder a cierto contenido en su sitio.

Clic por Calificaciones (CTR)

CTR por sus siglas en inglés Clickthrough Rate, este es el porcentaje de visitantes a su sitio que hacen clic en el siguiente paso de su campaña. Su CTR es la cantidad de clics que recibe su página dividida entre la cantidad de oportunidades que tuvieron para hacer clic.

Llamado a la Acción (CTA)

Una llamada a la acción (CTA por sus siglas en inglés Call To Action) es algo que anima a los visitantes de su sitio a realizar alguna acción, podría ser algo como "Comprar ahora" o "Descargar aquí". Para que tomen medidas, su oferta debe tener una propuesta de valor convincente. Su llamado a la acción puede ser un botón o una imagen conectada a un enlace.

Porcentaje de Rebote

El porcentaje de rebote de su sitio web se refiere al porcentaje de personas que visitan su sitio sin hacer clic en nada. Cuanto más alta sea la tasa, más pobre será su tasa de conversión, le está diciendo que la gente visita y huye rápidamente. Obviamente, esto no conducirá a ventas ni a ninguna otra actividad significativa si nadie permanece en su sitio o navega a ninguna página.

Contenido

El contenido es información que los clientes o lectores usarán, compartirán o con la cual interactuarán. Como destaqué en el libro, el contenido que ofrece valor a los demás es un bien muy preciado y lo recompensará durante años. El contenido viene en muchos formatos, libros electrónicos, un curso en línea o un podcast, solo por nombrar algunos ejemplos.

Analítica

En el mundo de la Mercadotecnia, significa analizar los datos de su sitio web, redes sociales, etc., en un intento de identificar tendencias y conocimientos. Idealmente, la analítica debería llevarlo a tomar mejores decisiones de Mercadotecnia, especialmente en el área de cómo gasta su presupuesto de Mercadotecnia.

Prueba A/B

Las pruebas A/B ocurren cuando se evalúan dos versiones de una campaña de Mercadotecnia para ver cuál funciona mejor. Lo que se compara depende del objetivo. Por ejemplo, podría ser su llamado a la acción o una página de destino donde experimenta con diferentes colores, textos, etc.

Contenido Evergreen

El contenido Evergreen o atemporal proporciona valor a sus lectores independientemente de cuándo lo lean. En términos sencillos, si su contenido se lee esta semana o dentro de 5 años, la gente seguirá viendo el valor. Para calificar como contenido de hoja perenne, debe ser de muy alta calidad, de ahí la capacidad de permanecer casi atemporal.

Este es el objetivo final de cualquier escritor o creador de contenido.

HTML

HTML por sus siglas en inglés Hyper Text Markup Language, es el idioma utilizado para escribir páginas web. Eso es todo lo que necesita saber inicialmente como persona sin conocimientos de tecnología.

Página de destino

Es una página web que se utiliza para atraer clientes potenciales. Presenta una oferta, por ejemplo, un libro electrónico a cambio de los datos de contacto del cliente, que la mayoría de las veces es una dirección de correo electrónico. Una página de destino bien pensada puede ser la fuente de muchas ventas para su negocio.

Prueba Social

Describe el proceso en el que las personas buscan en su red social (en línea o fuera de línea) evidencia de que vale la pena gastar dinero en su empresa. Hoy en día la gente comprobará cuántos me gusta tiene su página en Facebook o cuántos seguidores tienes en las diferentes plataformas de redes sociales. La lógica es que si tienes un ejército de seguidores, entonces debes tener algo bueno o "genial".

Acuerdo de Nivel de Servicio (SLA)

SLA (por sus siglas en inglés Service Level Agreement) es un acuerdo entre su firma y otra donde los detalles y expectativas de su relación se hacen transparentes. Algo que hemos utilizado al hacer alianzas para proyectos específicos.

Experiencia de Usuario (UX)

Este es el término para la experiencia que tiene un cliente con su empresa. Incluye todo el proceso desde la visita inicial a su sitio web, la compra, el uso de su producto y si recomendarían su producto a otra persona. Esta es un área a la que debe prestar especial atención y, en su mayor parte, no requiere mucho dinero para su ejecución. Puede tomar la forma económica de un correo electrónico de seguimiento a un cliente después de una compra en su sitio o asistir a una de sus clases en persona.

Pago por Clic (PPC)

PPC- Pago por clic es colocar un anuncio, por ejemplo, en Facebook y pagar cada vez que alguien hace clic en el anuncio.

Perfil del Autor

Wayne Walker es el director de una empresa de consultoría y educación en mercados de capitales globales (gcmsonline.info). Tiene varios años de experiencia en la dirección y coaching de equipos de asesores de inversión y ha dirigido equipos de alto rendimiento en el grupo de clientes privados basados en Bench Mark Earnings (BME). Wayne ha capacitado a operadores del programa Citi-FX Pro en Londres. También desarrolló el programa Trading Rights (Derechos de Negociaciones) en Saxo Bank, el cual los Asesores de Inversión debían completar antes de poder operar. Es un comerciante certificado por la Directiva de Mercados de Instrumentos Financieros (MiFID) de la UE y está calificado para asesorar clientes "A".

Wayne es un comentarista de mercados de capitales invitado con frecuencia en varios programas internacionales de radio y televisión.

Wayne tiene varias certificaciones y ha trabajado en los siguientes puestos:

- Director- Fundador, (GCMS) Global Capital Market Solutions, Dinamarca

- Autor de *Reality Based Trading Guide,(utilizado en nuestras clases en Copenhague Business School y otras universidades en la EU)*

- Gerente de Comercialización de Ventas, Norteamérica y Medio Oriente, Saxo Bank, Dinamarca.

- B.sc State University of New York, College at Buffalo, USA

- NASD Series 3 – Licencia para operar y asesorar sobre contratos de futuros en el mercado estadounidense

- Certificado de negociación ACI (mercados financieros): aprobado con distinción (nivel más alto), Francia

- Capacitación en el software de cotización de Opciones FX de Bloomberg & UBS Bank